Die Nacht vor Weihnachten

Illustrationen von Susanna Ronchi

lies+spiel
Das besondere Kinderbuch

Es war die Nacht vor Weihnachten.
Alle schliefen ganz fest, als der Deckel der
Zauberschachtel in Rosies Zimmer aufsprang
und der kleine Clown herauskletterte.
Dann rutschte der große Teddy, der auf Rosies
Kissen lag, vom Bett herunter, und die
kleine Aufziehmaus, die auf dem Bord saß,
begann leise zu surren.

Alle Spielsachen wachten
nacheinander auf und
schlichen auf Zehenspitzen hinunter.

Bald war das ganze Spielzeug im Wohnzimmer versammelt. „Das ist ungerecht“, sagte der Clown, „alle bekommen Weihnachten Geschenke, nur wir nicht.“

„Weil wir eben nur Spielzeug sind“, erklärte Teddy. „Wir brauchen keine Geschenke.“

Was der Clown auch sagte, keiner war seiner Meinung, alle stimmten Teddy zu.

Aber der Clown
hatte einen Plan …

Nachdem alle anderen in Rosies Zimmer zurückgekehrt waren, suchte sich der Clown einige Sachen zusammen, aus denen er sich ein Weihnachtsmannkostüm und einen Sack anfertigte.

Dann suchte er nach einem Geschenk für jedes Spielzeug: ein Stückchen Käse für die Aufziehmaus, ein Fingerhut für die Puppe und eine Mohrrübe für den Stoffhasen.

Er stopfte alles in seinen Sack und schlich sich aus dem Haus.

Am Abend hatte es heftig geschneit. Der Clown wollte alles so machen wie der richtige Weihnachtsmann, deshalb brauchte er einen Schlitten. „Nimm doch Rosies Schlitten!“, schlug ein netter Schneemann vor. „Ja, das ist eine gute Idee!“ Es dauerte eine ganze Weile, bis der Clown den Schlitten aus dem tiefen Schnee gegraben hatte.

„Nun brauche ich Rentiere", sagte der Clown. Während er noch überlegte, wo er sie finden könnte, kam ein Vögelchen geflogen und zwitscherte: „Ich will eines der Rentiere sein!"

„Ich auch!“, rief ein anderes Vögelchen.
„Und wir beide kommen auch mit!“, piepsten zwei weitere Vögelchen.
Bald flatterte ein ganzer Schwarm kleiner Vögel um den Schlitten herum.

Die Vögel hängten bunte Perlenketten an den Schlitten. Dann schlugen sie kräftig mit den Flügeln und zogen ihn zum Himmel. Als sie höher und höher flogen, wurde dem Clown ganz seltsam zumute.

„Ob sich der Weihnachtsmann wohl auch so fühlt?“, überlegte er, als sein Blick nach unten wanderte. Die Erde schien weit, weit weg zu sein.

Endlich landete der Schlitten auf dem Dach von Rosies Haus und der Clown begann, den Schornstein hinunterzuklettern. Anfangs war es gar nicht schwer, aber je weiter er nach unten kam, desto enger wurde es. Er fragte sich, wie der Weihnachtsmann das schaffte, so kugelrund wie der war! Und dann ging es einfach nicht mehr weiter. Wie er sich auch wand und krümmte, er war in dem engen Schornstein eingeklemmt.

Er saß fest!

Gerade als der Clown meinte, er würde für
immer in dem Schornstein gefangen bleiben,
hörte er ein lautes „Hohoho!"
Plötzlich glitzerten Tausende
silberheller Sternchen um ihn herum.
Im Nu kam er wie von Zauberhand frei
und purzelte sehr, sehr schnell den
Schornstein hinunter!

Hatte der Weihnachtsmann ihn befreit?

Oben erwachten die anderen Spielsachen von dem Krach aus dem Wohnzimmer und hüpften aufgeregt die Treppe hinunter, um nachzusehen, was da vor sich ging. Staunend erblickten sie den Clown, der in seinem seltsamen, rußverschmierten Kostüm vor dem Kamin saß. Damit nicht genug kamen über ihm zwei Beine zum Vorschein, die nur dem richtigen Weihnachtsmann gehören konnten!

Was für ein wunderbares Weihnachtsfest das für die Spielsachen war! Sie durften dem Weihnachtsmann beim Verteilen der Geschenke helfen und außerdem gab es dieses Jahr für jedes Spielzeug ein eigenes Geschenk – vom Weihnachtsmann persönlich!

Oben erwachte Rosie, und sie war sicher – ganz sicher –, dass sie von weit, weit weg einen schrillen Pfiff und eine tiefe, fröhliche Stimme gehört hatte, die rief:

„Frohe Weihnachten
euch allen und eine gute Nacht!“

Die Originalausgabe erschien erstmals 2003
unter dem Titel „The Toys' Night Before Christmas" bei Templar Publishing in England

2. Auflage 2006

Lademannbogen 124 · 22339 Hamburg · www.lies-und-spiel.de

Deutsche Übersetzung: Sabine Tessloff

Gestaltung: janie louise hunt
Text: Dugald Steer

Hergestellt in Singapur